Claudia Müllerchen

Briefe an Du

Gedichte

Bibliografische Information der Deutschen Nationalbibliothek:
Die Deutsche Nationalbibliothek verzeichnet diese Publikation
in der Deutschen Nationalbibliografie; detaillierte bibliografische
Daten sind im Internet über http://dnb.dnb.de abrufbar.

© 2018 Claudia Müllerchen
Herstellung und Verlag:
BoD – Books on Demand, Norderstedt
Gesetzt aus der Maiandra GD von Bitstream Inc.
und der Wolf in the City von Thomas Boucherie

ISBN: 978-3-7481-2048-3

Ich will Gedichte schreiben,
die dich berühren
wie meine Fingerspitzen deine Haut,
deren Worte mit dem Klang
deiner Stimme spielen
und Bilder in deinen Kopf malen
aus den Farben meiner Seele.

Winter

Der Februar ist mein Monat,
so steht es in den Wind geschrieben,
der durch die kahlen Äste streicht.
Lang hab ich gezögert, meine Ängste zu besiegen,
Mut ist, wenn es trotzdem reicht.

Ich sehe mein Spiegelbild an
und erkenne mich wieder mehr.
Nehme die Last von mir,
zu viele Jahre schwer.

Lang nur gedachte Schritte
in Bewegung umgesetzt
– Denken und Tun zwei Hälften einer Mitte –
ergeben einen neuen Tanz,
und ich tanze auf der Bühne, die ich Leben nenn,
wieder in der ersten Reihe,
weil nur ich die Schritte kenn.

Als hätte jemand den Vorhang endlich aufgezogen,
verschwinden die Schatten,
geblendet vom Licht,
schleichen sich aus meinem Kopf
und aus meinem Gesicht.
Auch der Schatten meiner Selbst,
der ich allzu lang war,
macht einen Abgang von der Bühne,
und nur noch ich selbst stehe da.

Und du siehst mich wieder tanzen
und lächelst mich an.
Danke für den Applaus.
Du hast gewusst, dass ich es kann.

Wahrnehmung

Keiner setzt mir ein Limit,
keiner sagt: „Hör auf."
Keiner nimmt meine Hand und hält mich,
bevor ich gegen Wände lauf.

Niemand gibt mir Widerworte,
niemand schreit mich an.
Niemand füllt die Stille,
wenn ich nicht mehr sprechen kann.

Keiner straft mich mit Blicken,
keiner wendet sich ab.
Keiner sieht es mir an,
dass ich nicht geschlafen hab.

Du sagst zu mir nicht Hallo,
du siehst nicht einmal hin.
Du streifst meinen Arm im Vorbeigehen,
weil ich schlicht unsichtbar bin.

$\mathcal{E}$s lag Schnee, so wie jetzt.
Schneeflocken fielen aus dem
schwarzblauen Winterhimmel
und landeten auf dem gelblichen Papier.
Sie sind heute noch sichtbar dort,
wo sie die Tinte verlaufen ließen.
Du hast immer mit Füller geschrieben,
das war dir und deinen Gedanken angemessen.

Du schriebst, heitere Worte
seien derzeit schwer zu finden.
Das hat mir nie was ausgemacht.
Ich bin seit jeher kein großer Freund
von heiteren Worten gewesen.
Und ich tue mich auch in dieser Zeit
mit ihnen schwer.
Stattdessen waren deine Worte
auf ihre und deine ganz eigene Weise warm,
und immer wenn ich sie lese,
habe ich das Gefühl, als hielte ich einen kleinen,
warm leuchtenden Schatz in meinen Händen,
der gegen die Dunkelheit anstrahlt.
Und der nachwirkt, all die Zeit.

Ich weiß noch,
dass ich mir neben dir
oft oberflächlich und klein vorkam,
und ich schätze,
dass ich dir auch jetzt
noch immer nicht gewachsen wäre.
Doch du hast irgendetwas in mir gesehen,
und so denke ich seit Jahren darüber nach,
was es wohl bedeutet, *wahrhaftig* zu sein.
Ich habe noch keine Antwort gefunden,
aber ich arbeite dran, ich bin weiter auf der Suche.
(Und vielleicht werde ich genau dadurch
deinen Worten schon gerecht.)
Dich danach zu fragen, traue ich mich nicht.
Denn trotz all des Studierens bin ich doch
nicht wirklich gut darin, gut zu kommunizieren.
Vielleicht erinnerst du dich
auch gar nicht mehr
an deine Worte,
an den Februarabend im Schnee,
an die Zeit davor und die Zeit danach.
Ach was, ich war noch nie Optimist,
aber ich glaube daran, dass du dich erinnerst.

Deshalb schreibe ich dir.
Ich weiß nicht,
warum ich gerade jetzt so oft an dich denke,
an jene Stunde Schweigen,
an Tanzen in einer Einraumwohnung,
an schwarze Tinte auf Papier.
Am Schnee liegt es nicht,
der ist inzwischen längst geschmolzen.

Neulich habe ich eine Postkarte wiedergefunden,
die du mir damals aus Russland geschrieben hast.
Weitgereiste Worte, gering in der Zahl und zart in
der Anmutung, die mich in ihrer Kargheit berühren.
Auch jetzt noch. Immer wieder aufs Neue.
Wenn ich sie heute lese, fällt mir eine Vorlesung ein,
in der es um zeitversetzte Kommunikation
durch Medien ging. Wie bei einem Roman,
einem Gedicht. Einer Postkarte, einem Brief.

Unfassbar, denke ich, als mir klar wird,
dass ich dich vor zehn Jahren
das erste Mal getroffen habe.
Und seit etwa sechs Jahren
habe ich dich nicht mehr gesehen.
In der Zeit ist viel passiert,
und ich bin schon so viel weiter gekommen,
als der Mensch, der ich damals war,
für möglich gehalten hätte.
Und ich hätte dich gern dabei gehabt.

Deshalb schreibe ich dir.
Und deshalb danke ich dir.

Für das Schweigen und das Reden.
Für die Wärme.
Für das Tanzen und das Schreiben.
Für deine Art, für die ich Wortjongleurin
keine Worte finde.
Für jeden Buchstaben, der mich suchen lässt.
Und dafür, dass du so wenige Worte brauchst und
doch durch die Zeit immer noch mit mir sprichst.

2016

My head is full of clouds, heavy and dark
My eyes are full of backup tears
waiting for a reason to spill over my face
already on early morning
The tiniest things make me want to cry
and the slightest noise creeps through my brain
hurting like piercing arrows
I feel like I'm scratched all over
easily wounded by the lightest touch
I can sense the breakdown closing in on me

I need to go into the woods
feel fresh air on my skin
and the wind in my hair
and the interlaced arborescent web of roots
pulsing underneath my feet
I need silence out- and inside my head,
my ears, my heart
I need to settle my eyes on you
and hear you say everything is going to be okay
So I'm waiting
looking for you
through the dark heavy clouds
Please come for me and take me to the woods
so I can heal and breathe and think again
Save yourself
bold, brave, and lion-hearted me.

Feige und unsichtbar
wie eh und je
Ich hab dich vermisst
Ich denke immer noch an dich
Weihnachten ist ein schönes Fest
Die Leute kommen nach Hause
Glückskäfer unter der Haut
Ich vermisse dich immer noch
weil ich dich nicht kenne
Ich vermisse mich *Hallo* sagen
weil ich das noch nie getan habe
Und auch heute nicht tun werde
Verlorene Zeit
Ich habe eine ganze
Sanduhr voll davon
Ich fülle sie weiter
mit jeder Sekunde
verloren
verronnen
keine zwei Meter zwischen uns
Lächerlich
Keinen Ton wirst du je
von mir hören
Stumm bin ich
für dich
und gegen dich
gemessene Bedeutung
bedeutungslos?
Ich vermisse dich
Ich werde dich auch morgen vermissen.

Ich sehe dich an
und sehe mein Inneres gespiegelt
und frage mich kaum noch,
ob ich tatsächlich auch so aussehe –
die Augen tief, das Weiß huscht
gespannt hin und her,
deine Lippen blass, die das Lächeln
zu einer Fratze verziehen,
und die Haut, die sich angestrengt
über die Wangenknochen spannt.
Man sagt immer,
die Augen verlieren ihren Glanz,
aber deine Augen glänzen verräterisch,
sodass man fürchtet, sie ließen im nächsten Moment
die Tränen frei, die du schluckst.
Auch ich habe einen salzigen See in mir,
und dein Schmerz findet sein Echo
in meiner Brust.
Ich stehe auf und
schleppe dich mit mir.
Ich lasse dich
nicht los.

Es ist Winter
draußen
und in mir drinnen.
Ich bin im Winterschlaf.
Ich sehe zu,
wie das Sonnenlicht
schräg durch die Bäume fällt
und denke den Gedanken nicht zuende.
Wenn die Dunkelheit kommt,
fühl ich mich einsam,
aber auch seltsam wohl,
weil es einfach so gehört.
Ich igel mich ein
und rede lange kein Wort mehr,
weil ich die Worte in meinem Kopf
im Dunkeln nicht lesen kann.

Und dann kommst du
und setzt dich zu mir.
Wir schweigen,
und ich wünschte,
ich hätte ein Wort für dich.
Ich weiß nicht, ob du verstehst,
es liegt am Winter,
nicht an dir.
Ich warte darauf,
dass der Frühling das
Licht zurückbringt.
Wirst du dann
noch bei mir sitzen?

Ich vergrabe meine Hände in den Hosentaschen,
stehe da und sehe dich an
und kann dich nicht ansehen.
Es tut mir leid,
aber ich kann dir nicht folgen,
wohin du gehst.
Ich bin nicht der richtige Mensch
für dich.
Dieser Satz liegt schwer
auf meinen Muskeln
und schwebt doch in der Luft,
die nun zwischen uns ist.
Ich spreche ihn nicht aus.
Ich denke ihn in Kreisen
und umkreise den Wunsch,
dich nicht zu wollen.
Ich atme nicht ein, nicht aus,
bis mein Herz aufhört,
nach dir zu schreien.

Eben noch saß ich hier
und hatte nichts Besonderes im Sinn.
Ich klickte mich wahllos durch Fotos
aus den letzten Jahren.
Und dann, völlig unerwartet, trifft mich eine Welle
voll Schmerz und Sehnsucht,
schwappt über mich rüber
und lässt mich das Atmen vergessen.

Es tut so weh, diese Fotos anzusehen.
So weh, als würde ich
in ein Meer aus Glasscherben fallen,
als würde ich untergehen und ertrinken darin.
Ich schnappe nach Luft, schließe die Augen
und atme durch den Schmerz hindurch.
Er pocht wie Blut durch meine Adern
und will einfach nicht gehen.

Ich schlage die Augen auf
und erinnere mich daran,
wie dumm es von mir ist,
diese Gefühle zuzulassen,
sie wieder und wieder zu durchleben,
obwohl ich weiß,
dass sie mir doch nur schaden.

Doch ich kann nicht aufhören,
durch die Bilder zu blättern,
jedes in meinem verklärten Blick
eine Szenerie der Harmonie und Geborgenheit,
aus Alles-ist-Möglichkeiten und Pinselstrichen.

Ich vermisse, vermisse, vermisse das.
Ich vermisse das so sehr, ich zerreiße in mir drin.
Ich vermisse dich.
Und das, was wir hatten, das, was wir waren.

Ich dachte, ich hätte mich davon verabschiedet,
auf meine eigene Art,
und doch erwischt es mich schon wieder.
Ich bin noch immer nicht klüger.
Ich weiß, dass wir nicht funktionieren,
dass ich nicht zurückkann,
dass ich nicht zurückhaben kann,
was ich vermisse,
auch wenn jede Faser meines Körpers,
jede Zelle, jeder Funken meiner Seele
sich danach sehnt in diesem Moment.

Trotzdem haut die Welle mich um,
und ich liege am Boden, wieder mal.
Das kann doch nicht sein,
dass du immer noch so eine Kraft hast,
dass du mich nicht loslässt,
oder eher umgekehrt.

Ich reise zurück und fühle mich dir nah,
und ich bin hier,
und wir sind so weit voneinander getrennt,
und es tut weh.
Es tut immer noch so verdammt weh.

Ich Tor, mein Herz ein Narr.
Mein Kopf weiß, dass du nicht gut bist für mich.
Und mein Herz schreit doch wieder nach dir.

Oder vielleicht auch nur nach dem,
was du für mich bedeutet hast.
Ich stehe auf
und streiche mir die Glasscherben von der Haut.
Ich muss es finden.
Ohne dich.

Eventually there is no us anymore.
We're dead.
There is just a you and a me anywhere in the universe.
You in yours. And me in mine.

But sometimes it befalls incidentally
that your universe and mine
draw closer together than usual
and interfere with each other just at their edges.
So you and me happen to be in one room,
accidentally, in one small room,
all dark and smoky and
with the red lighted reflections of the mirror ball
scattering across the floor.
You're listening to the same music as I am,
bouncing on your feet to the same rhythm,
swaying your head to the same melody.

And yet you stand on the right
and I stand on the left,
the interfering waves floating like a curtain between.
It's just a couple of feet, but feels like miles apart.
You don't look at me
and I don't look at you.
Not a word on my lips,
not a word on yours.
Your silhouette all shadows and moving fractions
of old photographs in my head,
myself tense and so much aware of
this universes colliding thing as I would never confess.

As soon as the music ends
I head out of the room,
tearing the edges apart by slamming the door
and tumbling down the stairs.
And as I stand outside of everything,
breathing the cold february night air
I loosen the tension, I unblock the lock,
I clear my heart out of you.
I'm gone.
And you're gone, out of my universe again.
As it should be.

Eventually there is no us anymore.
We're dead.
The only thing you'll always still do to me
is make me write.

Ich habe
keine Bilder mehr
Ich fühle die Worte
in meinem Kopf umherfliegen
und kann keines festhalten
deine Augen haben
ihr Leuchten verloren
kein Sternenstaub
holt es zurück
ich schaue
in tiefe Seen aus Nichts
und flehe dich an
zu bleiben
deine Hand hat meine
schon vor Stunden verlassen
die Berührung hinterlässt
nur einen Abdruck auf meiner Seele
ich werde dich nicht erreichen
wo du jetzt bist
kein Laut
bringt dich zurück.

Ich falle
immer noch
auf die Knie
wenn ich dich
vor mir sehe
obwohl
du nicht
da bist
sie knicken ein
zu schwach
der Realität
standzuhalten
Knie und Tränen
berühren den Boden
den du
nicht mehr berührst
Fliegst du vielleicht?
Der irre Hoffnungsschimmer
verlischt in dem Moment
in dem ich deinen Namen sage
der ungehört verhallt.

Hätte ich einen Winter mit dir gehabt
Wären dunkle Stunden mit Berührung gefüllt
statt die Zeit von Sehnsucht und Licht zerfressen
Wäre jedes Kälteempfinden in Wärme verwandelt
Und jeder Eiszapfen ein perliges Klingen in Stille
statt ein weiterer Dolch im Herzen.

Hätte ich einen Winter mit dir gehabt
Spürte ich jetzt den Winter nicht so stark
Und die Dunkelheit wöge nicht so schwer
weil sie dir gehörte
Und die Kälte störte mich nicht
weil es deine Kälte wäre
Der Schnee auf meinem Haar ein Kuss von dir
Der Wind deine Hand in meiner
Und die tiefen Wolken hätten dein Gesicht.

Hätte ich einen Winter mit dir gehabt
Wäre vielleicht kein Winter jetzt
Doch so
die Dunkelheit schwer auf den Gliedern
und die Kälte tief in den Knochen
und Winterschlaf in den Adern
und schneebedeckte Leere in den Augen
ist Winter in mir
                    ohne dich.

Frühling

Weißt du noch?
Wir warteten auf den Frühling,
gefangen in erbarmungsloser Kälte
atmeten wir für jeden Sonnenstrahl,
der auf unsere Gesichter fiel,
und priesen jedes knittrige Blatt,
dessen Grün zaghaft die Welt erhellte.
Weißt du noch?
Der Frühling ließ auf sich warten,
deshalb malten wir ihn uns
mit strahlenden Farben
auf die Leinwände
und wärmten uns an dem Leuchten,
das in uns war.
Weißt du noch?
Wir trotzten der Kälte und liefen
durch karge Wälder und Parks,
eng aneinander geschmiegt,
achteten nicht auf die Welt,
nur auf uns und unsere
sich treffenden Atemwolken.

Erinnerst du dich?
Ist schon lange her,
doch ich versteh immer noch nicht,
was passiert ist,
als der Frühling endlich kam.

Die Feder

Westwind entreißt mich dir,
Westwind trägt mich fort von dir
über die Klippen,
übers weite Blau,
ich taumle, ich falle, ich fliege hinauf.
Ich sehe Land,
mich ergreift eine Hand,
und lässt mich nicht los, bindet mich an.
Ich werde getragen
und bin doch gefangen,
ich werde getragen,
viele Monde lang.

Ich träume von dir,
wenn die Trommeln schlagen,
ich träume von dir,
wenn der Westwind weht.
Meine Träume waren einst
in deine Flügel gewebt,
nun lasse ich sie
vom Ostwind zu dir tragen.
Ach, könnte ich doch mit ihnen fliegen,
Meile um Meile würde ich besiegen,
ich würde fallen und taumeln und tanzen,
mit dem Ostwind unter mir das Blau übertanzen.
Ich würde zurückkehren zu dir,
ich würde dich erkennen
am Schlag deines Herzens
und am Schlag deiner Flügel,
zu denen ich gehöre.

Doch ich bleibe am Boden,
der Ostwind ebbt ab,
mir bleiben nur die Träume
von deinem Flügelschlag.

Siehst du
den Viertelmond
eine Nussschale
im Himmelsmeer
und der Wind
frischt auf
und trägt ihn
über die Wolkenwellen
zu dir
beladen
mit geflüsterten Worten
und Berührungen
zart wie Tautropfen
und meinem
klopfenden Herzen.

Flieh
raus aus der Stadt
deren Licht die Lichter schluckt
und deren Gestank den Duft übertüncht
und deren Lärm dich taub macht
flieh
lauf hinaus in die Dunkelheit
und sieh
deinen ersten Stern
leg den Kopf in den Nacken
und schau genau hin –
der ganze Himmel voller Sterne
atme tief
und rieche das feuchte Moos
und das junge Nadelgrün
entspann dich und lausche
was die Stille dir erzählt
mach deine Sinne weit
und die Sterne leuchten in dich hinein
und die Luft trägt deine Träume
hinaus in die Ruhe der Nacht
und eine Feder schwebt hinab
sie ist weich und warm in deiner Hand.

Ich sitze auf dem Boden,
Farben, Pinsel und Papier um mich herum.
Ich halte inne, komme zu Atem,
und meine Gedanken wandern zu dir,
ganz natürlich und klar verknüpft,
wie ein roter Faden leitet mich dieses Tun dorthin,
wo du noch immer wohnst
in meinem Herzen.
Allein das zuzugeben kostet Überwindung.
Einen Moment lang lasse ich es zu,
lasse die Erinnerung über mich rollen,
alte Gefühle mich umspülen,
das Sehnen durch meinen Körper hindurchziehen.
Ich denke die Namen der Farben
im Rhythmus deines Lachens
und frage mich, ob sie für dich
auch noch dieselbe Bedeutung haben.
Einen Moment gestatte ich mir,
dich zu vermissen,
mich zurückzuwünschen in unsere Zeit
und in der Harmonie zu baden,
die uns verband für diese kleine Ewigkeit.
Ich mag, wie meine Hände sich erinnern
und ganz von selbst das Richtige tun
und wie mein Herz aufgeht
im Meer aus Pinselstrichen.
So weit wäre ich vielleicht nie gekommen ohne dich,
aber wohin ich jetzt gehe,
bekommst du nicht mit,
denn du bist nicht hier.
Ich sitze allein auf dem Boden,
der nicht aus Holz ist, sondern aus PVC.
Und die Musik, die mich antreibt, ist neu.

Ich widerstehe dem Impuls,
diesen Moment mit dir zu teilen,
weil ich weiß,
dass wir nicht mehr zurückkehren
zu dem, was wir einst waren.
Stattdessen schreibe ich
mal wieder ein Gedicht an dich,
denn das konnte ich schon immer gut.
Ich lasse den Moment
ein wenig wirken,
lasse ihn Worte formen,
die aufs Papier fließen,
sauge ihn in mich auf
und lasse ihn gehen.

Zauber-Begegnung

Kennst du das?
Wenn du plötzlich
das unbändige Bedürfnis hast,
an einen bestimmten Ort zu gehen,
wenn dich völlig unvermittelt
das Gefühl überkommt,
dich ruft irgendetwas,
zieht dich fort zu einem Punkt,
an dem du vielleicht
lange nicht gewesen bist.
Du weißt nicht, warum,
weißt nicht, was auf dich wartet,
aber du folgst deinem Gefühl,
weil du froh bist,
es noch nicht verloren zu haben,
ein Impuls, eine Hoffnung,
eine Rettung vielleicht.
Du gehst die Straße entlang,
und da hörst du es,
du bist angekommen,
du spürst es, bevor du es siehst,
und es ist offensichtlich,
dass du gefunden hast,
wovon du nicht wusstest,
dass du es suchst.
Und wenn du es siehst,
rücken alle Sterne an ihren Platz,
und der Lauf der Tage macht
für einen kurzen Moment wieder Sinn,
und du lächelst,
weil du nicht anders kannst.

Kämpferherz

Du kämpfst einen Kampf,
jeden Tag aufs Neue,
und meistens kann man die Spuren nicht mal sehen.
Wann wirst du aufgeben?
Wann wirst du endgültig verlieren
und gesenkten Hauptes gehen?
Was brauchst du, um zu gewinnen?
Deine Waffen sind wie meine,
stumpf und schwer, gemacht für eine andere Zeit.
Du fühlst dich schwach und hilflos,
weil du dir dein Straucheln nicht verzeihst.
Deine Stärke siehst du nicht mehr,
suchst verzweifelt nach dem Sinn.
Ich weiß, wie sich das anfühlt,
weil auch ich ein Kämpfer bin.
Ich war auch mal, wo du jetzt bist.
Ich geh mit dir den Weg noch mal.
Auch wenn es schwerfällt, es zu glauben,
du hast immer eine Wahl.

Komm, lass uns gemeinsam kämpfen,
wir gründen eine Armee aus Kämpferherzen.
Wir stehen Seite an Seite zusammen,
wir teilen uns die Kraft, die Schmerzen,
schlagen Windmühlen und Flammen nieder,
bis alle Mühsal hinter uns liegt.
Wir beenden den Kampf zu unseren Bedingungen
und gehen erhobenen Hauptes in unseren Sieg.

Ich habe mich in den Augenblick verliebt.
Ich lasse das Kribbeln zu,
nur für einen Moment,
in dem ich mir einbilde,
ich könnte deinem Blick
in der Spiegelung des Fensters begegnen.
Ich sehe deine Hände,
es sind immer die Hände, die mich anziehen,
deine halten entspannt den Kaffeebecher,
und ich mag sie sofort,
sie wirken vertraut und bekannt.
Ich lasse mich nur kurz darauf ein,
fasziniert zu sein von deinem verwegenen Charme –
ein wenig intellektuell, ein wenig junges Agenturflair –
mit der hohen Stirn,
dem hochstehenden dunklen Haar,
der schwarzen Kleidung,
den ruhigen Augen hinter
der schwarz gerahmten Brille.
Nur ganz kurz gestatte ich mir, mir vorzustellen,
wie sich dein Haar anfühlt,
wie sanft deine Finger sein können,
wie warm deine Umarmung ist.
Für einen kleinen Moment
nehme ich dein Bild in mich auf,
als würdest du es sein.
Und für eine Sekunde schauen du und ich uns an.
Vielleicht sind es auch zwei.
Dein Blick ist intensiv und deine Augen so dunkel,
dass ich zu fallen glaube.
Und dann ist es vorbei.

Erinner dich, was früher einmal gut war

Hör doch mal auf damit,
immer so vorsichtig zu sein.
Zeichne doch mal wieder direkt aufs Blatt,
statt immer nur von Vorlagen zu kopieren.
Streck doch mal die Fühler aus,
mach den ersten Schritt
und vertrau darauf, dass die Brücke dich trägt.

Hör doch mal auf,
immer alles mies zu machen
und die Nachteile alle am Anfang schon zu sehen.
Sei naiv und glückskindsicher,
fang alles an und scher dich nicht um das Ende.

Hör doch mal auf,
dich hinter deiner Angst zu verstecken.
Skate los, pack dich hin, steh wieder auf.
Lach der Angst ins Gesicht,
sei mutig und offen,
nimm ihr das Zepter aus der Hand.

Hör doch mal auf,
in Floskeln zu sprechen
und entrümpel deinen Kopf von Redewendungen.
Finde deine eigenen Worte,
sei ehrlich, sei du.
Wenn du du selbst bist, bist du gut.

Erinner dich, was früher einmal gut war.
Mach's noch mal, mach's anders, mach's besser.

Hör doch mal auf,
immer alles planen zu müssen,
sonst verpasst du die ganzen Wunder,
die unverhofft um die Ecke biegen.
Lass dich überraschen, überrasch dich selbst,
lass los und lass dich ein.

Hör doch mal auf,
so viel zu grübeln
und dir über alles Mögliche den Kopf zu zerbrechen.
Denk auch mal nicht nach,
dein Herz wird dir zeigen, wo's langgeht.
Spring einfach ab und glaub daran,
dass du fliegen kannst.

Hör doch mal auf,
immer so überfleißig zu sein.
Du brauchst dich nicht anstrengen,
um anderen zu gefallen.
Sei auch mal faultierentspannt
und tu Dinge nur für dich.
Es geht um dein Leben,
also bleib bei dir.

Hör doch mal auf,
dich selbst so kleinzumachen.
Steh zu deiner Meinung und begeistere andere dafür.
Du hast was zu sagen und du bist wichtig.
Trau dir selbst über den Weg.

Hör doch mal auf,
so schnell aufzugeben.
Streich's halt durch und starte einen neuen Versuch.
Kämpf für dich, beiß dich durch
und denk dran, am Ende
den Applaus auch auszuhalten.

Erinner dich, was früher einmal gut war.
Mach's noch mal, mach's anders, mach's wie du.

Ein eigenes Lied
ist das Ziel
eines jeden Lebens,
denn es dauert,
bis du die
altbekannten Melodien
ablegst und die
Tonfolgen der anderen
aus deinem Kopf verbannst
und deine Ohren
für die Geräusche
von außen verschließt.
Bis du innehältst und
die Stille erträgst
und den Mut findest,
nur noch in dich
selbst hineinzulauschen.
Dann wirst du es hören.

Da, wo du nichts zu sagen weißt,
habe ich genug Worte für uns beide.
Da, wo du mich zur Weißglut treibst,
sind meine Grenzen, die ich überschreite.

Da, wo wir uns am meisten ähneln,
kann ich dich am wenigsten leiden.
Da, wo wir über das Gleiche lachen,
möchte ich für immer bleiben.

Da, wo du alles besser weißt,
geh ich einfach nicht mehr mit dir hin.
Da, wo du mir die Welt erklärst,
macht alles so viel mehr Sinn.

Da, wo wir uns verletzen,
teil ich genauso aus wie du.
Da, wo wir zusammen sind,
vermiss ich dich trotzdem immerzu.

Da, wo du am lautesten bist,
bin ich stets am stillsten gewesen.
Da, wo du am schwersten zu erreichen bist,
fühl ich mich dir noch immer am nächsten.

Da, wo du gewachsen bist,
fühl ich mich manchmal immer noch klein.
Da, wo du deine Hand ausstreckst,
wird meine immer sein.

Unsere lange Reise durch die Nacht

Wir machten uns auf, du und ich,
auf eine lange Reise durch die dunkle, dunkle Nacht.
Mit leisen Schritten, Hand in Hand,
niemand folgte uns, niemand hat uns erkannt.
Nur die Sterne haben über uns gewacht
und der Mond von seinem Himmelsband.

Wir trugen nur leichtes Gepäck
auf unserer langen Reise durch die dunkle Nacht.
Etwas zum Wärmen, zum Davon-Zehren,
ein paar Erinnerungen, Bilder und Lieder,
wir brauchten nicht viel.
Nur noch leere Seiten für neue Geschichten,
die wir erdacht oder erlebt haben würden
bis zu unserem Ziel.

Wir gingen behutsam
auf unserer langen Reise durch die Nacht.
Wir maßen unsere Schritte, maßen unseren Worten
und unserem Schweigen Bedeutung bei.
Wählten und zählten jede Entscheidung mit Bedacht,
dass unser Weg frei von Reue und Bedauern sei.

Wir waren weit gewandert
auf der langen Reise durch unsere Nacht,
bis endlich der Tag den Himmel gewann
und ich dir im Sonnenlicht davon sang,
was uns so weit hierhergebracht
und wo alles Neue begann.

Sonne

Wind

ein Meer aus
Grün und Summen und Leben

Leben sollte so sein

Meinst du nicht auch?

So gut
und so richtig

Will so
übersommern
mit dir.

Uhrzeit

Die Zeiger
auf meiner Uhr
sagen mir,
dass ich jetzt
woanders sein sollte,
doch ich bleibe hier
bei dir
und rühre mich nicht
und hoffe,
dass die Zeit
mich nicht findet.

Schweigen mit dir
ist wie Lachen
mit Sonnenschein im Gesicht.
Wir wühlen in unseren Leben,
zaubern bunte Fäden hervor
und stellen fest,
dass sie die gleiche Farbe haben.
Wo warst du bloß so lange?,
frage ich stumm.
Und du lachst mich an und sagst:
Dich suchen.

Ich sitze im Zug,
ein Sommerregen prasselt auf das Dach,
und ich sehe dich durch die Scheibe,
wie du im Regen tanzt und lachst.

Du bist wie eine Erscheinung,
deine Haare fliegen klatschnass um dein Gesicht.
Du sprühst Funken und Regentropfen,
und die Welt verliert ihr Gewicht.

Ich stelle mir vor, ich wär mit dir da draußen,
würde mich freuen und lachen wie du,
und eine Stimme in mir flüstert:
„Das konntest du auch mal, lass es nur zu."

Ich schaff es noch zu winken,
und der Zug fährt ratternd an.
Der Moment ist schnell vorüber,
doch mein Lächeln hält stundenlang.

Der Funke

Wenn du verstehst, was ich sagen will,
obwohl ich mal wieder viel zu schnell rede.
Wenn ich alle Puzzleteile auf einmal
an ihrem Platz sehen kann.

Wenn du da bist, wo ich bin,
mit deinen Gedanken.
Wenn ich im Leuchten deiner Augen
mein Leuchten gespiegelt seh.

Wenn deine Konturen scharf sind,
weil du ganz du selbst bist.
Wenn ich einfach nicht anders kann,
als wild in die Hände zu klatschen.

Wenn du nicht sagen musst, was du grad brauchst,
weil ich es schon ahne.
Wenn ich mit den Händen spreche,
ohne es überhaupt zu merken.

Wenn du Sachen vom Tisch fegst,
weil der Platz in deinem Kopf nicht ausreicht.
Wenn die Papiere auf dem Boden
einen Kreis um mich bilden.

Wenn der Tee in unseren Tassen
kalt wird.

Das ist der Funke,
der überspringt.

Noch mal
noch einmal
Zweifel beiseitegeschoben
wieder geflohen
aus dem Zwang
Mach es noch
ein Mal
Breite deine Flügel aus
Lass den Wind
über deine Federn streichen
Lass sie die
Freiheit wittern
Lass den Wind
dich emportragen
Lass
los
Du darfst sein
was du bist
Sei
was du willst.

Wogenglätten

Ich stehe am Meer
Das Wasser kräuselt
sich sanft an den Strand
kein Wind weht, keine Schaumkronen
brechen die Fläche,
die still vor mir liegt.
Du sagst immer,
die Ostsee ist zu ruhig
und die Nordsee mit
ihrem Wellentosen viel schöner.
Du hast ja recht.
Aber ich konnte keinen Sturm
mehr ertragen.

Das beste Geschenk

Ein Wort, das alles sagt,
was du wissen musst.

Eine Frage, die dir zeigt,
wie wichtig du jemandem bist.

Ein Satz, der deine Sorgen
wegzuwischen vermag.

Ein Gedicht, das nur
für dich bestimmt ist.

Ein Lied, das auf deinen Lippen liegt,
wenn du glücklich bist.

Ein Brief, der sich anfühlt
wie eine Umarmung.

Eine Geschichte, die dich
an das Gute glauben lässt.

Ein Buch, das dich begleitet,
dein Leben lang.

Ein Blick, der dir mehr sagt
als alle Worte zusammen.

Ich gehe barfuß die Flure entlang.
Sie flüstern: Du bist nicht da.
Ich lausche ins Treppenhaus,
wo die Stille deiner abwesenden Schritte verhallt.
Nur meinen Atem kann ich noch hören.

Wenn ich um die Ecke biege,
spüre ich deinen Blick auf meinem Rücken.
Er ist stumm, denn er ist schon Tage alt.
Mein Rücken vermisst ihn,
vielleicht ist es auch das, was ich fühle.

Ich bleibe stehen vor deinem leeren Platz.
Dein Nicht-da-Sein dämpft alle Laute
wie Schnee im November.
Nur mein Herz klopft leise
wie fernes Trommelschlagen, das nach dir ruft.

Ich drehe um, und mit jedem Schritt,
der ungehört vergeht, warte ich auf dich.
Und ich weiß, jeder Atemzug, jeder Herzschlag
in Stille bringt mich deinen Schritten, deinem Blick,
deiner Berührung einen Augenblick näher.

Ich gehe barfuß die Flure entlang.
In Gedanken tanze ich.

Ich brauche ein Wort nur,
damit du mit deinen Gedanken da bist,
wohin ich will,
und du brauchst ein Wort nur,
damit ich weiß,
wie du dich fühlst.

Ich denke nicht nach,
bevor ich rede,
weil du eh verstehst, was ich mein,
und deine Umarmung
hält mich fest
im Jetzt und Sein.

Wenn ich fest genug an dich denk,
gibst du mir Zuspruch,
ohne da zu sein,
und du schreibst Karten,
die zum richtigen Zeitpunkt
in meinen Briefkasten fallen.

Ich schaue dich an
und kann sehen, dass du grad
an genau das Gleiche denkst wie ich,
und wir lachen gemeinsam,
weil es so gut ist, wie es ist.

Einen Bahnsteig weiter
steht der Zug in deine Stadt,
und ich denke an dich
und die Kilometer, die zwischen uns sind.
Du fehlst mir.
Ich trage unsere Reise in meinem Herzen,
perfekte Tage unter Olivenbäumen,
getanzte Abende am Meer,
und den magischen Morgen,
als wir schweigend einen Berg bestiegen,
um den Sonnenaufgang zu sehen.
Ich danke dir für die Geschichten,
die wir erleben, und die, die du schreibst.

Du bist mir Inspiration.
Du sprenkelst Farbe in mein Leben,
teilst deine Ideen mit mir
und machst selbst einen Herbstspaziergang
zu etwas Besonderem.
Ich danke dir für den Zauber,
den du verleihst.

Du bist ein Phänomen.
Du bringst Welten zum Leuchten
und merkst es nicht mal.
Du weißt für jedes Problem
eine kluge Frage oder auch zwei.
Ich danke dir, dass du mir guttust
und mich so gut verstehst.
Wenn wir einen Tag zusammen waren,
vermiss ich dich noch ein bisschen mehr.
Ich danke dir, dass du da bist.
Ich mag dich sehr.

Ich fahre Bahn.
Ich mag Bahnfahren.
Ich schreibe, wenn ich Bahn fahre.
Ich mag Schreiben.
Während die Regentropfen an der Scheibe
neben mir entlangschrammen.
Und in dunkle Querstreifen
verzerrte Bäume vorüberziehen
und die Landschaft aus hellgrünen Wiesen,
braunen Hügeln und grauen Brücken
hinter einem Schleier verbergen.
Und wenn der Zug langsamer an Häusern vorbei
in den nächsten Bahnhof einfährt
und einen Augenblick alles stillsteht.
Ich halte inne und denke an dich.
Daran, dass ich nie weiß, was ich sagen soll,
wenn ich allein mit dir bin.
Und dass dir hingegen die Geschichten,
die alle zum Lachen bringen,
scheinbar mühelos zufallen.
Daran, dass ich mir manchmal wünschte,
ich könnte mehr Tiefe in mir finden
und sie mit dir teilen,
ich hätte etwas von Substanz zu sagen,
das es wert ist, gehört zu werden.

Daran, dass ich jetzt gerade
dir und über dich nichts zu sagen habe,
obwohl mein Kopf voll von dir scheint.
Auch die harten, rhythmischen Gitarren
in meinen Ohren
können dich nicht vertreiben.
Du hast dich eingenistet, viel zu lange schon.
Und jedes Mal, wenn ich dich überwunden glaube,
straft ein Blick, ein Gedanke mich Lügen.
Selbst jetzt denke ich darüber nach,
wie sich vermissen anfühlt.
Weil ich nicht mehr weiß, was ich fühlen soll,
wenn ich an dich denke, wenn ich dich sehe,
und wenn ich dich eben gerade nicht sehe.
Und ich habe anscheinend doch etwas
über dich zu sagen.
Denn ich schreibe über dich.
Ich mag über dich schreiben.
Ich mag dich.
Ich mag Schreiben.
Ich mag Bahnfahren.
Ich fahre Bahn.
Der Zug fährt schnell,
das Draußen rauscht an mir vorbei,
und ich bin immer noch nicht fertig mit dir.

Herbst

Die Zeit

Die Bäume sind dunkel,
der Rest der Welt auch.
Die Laute sind noch nicht wach.
Nur der Wind bewegt sich sacht
durch die dunkle Nacht.

Ich sitze hier und denk an dich
und horche in die Stille,
höre, wie du kommst und gehst,
ohne dass ich dich sehe.

Ich kann dir nicht in die Augen schauen,
dich greifen und festhalten, damit du bleibst.
Du hast deinen eigenen Willen,
deine eigene Geschwindigkeit.

Ich kann nur genießen, solange du da bist,
deine Gegenwart spüren und versinken darin.
Darf nicht an dein und mein Morgen denken,
denn dies ist nicht der Beginn.

Es ist immer das Ende, das Ende des Augenblicks,
in dem ich deinem Herzschlag lausche,
wie er in mir widerhallt.

Die Bäume sind dunkel,
der Rest der Welt kalt.
Die Lichter sind noch nicht an.
Nur ich sitze hier mit dir
und halte deine Hand.

Die Blätter fallen wie die Steine meiner Mauern,
fühl mich bloßgelegt
und mir neu und fremd,
waren doch die Mauern,
die ich Jahr um Jahr gebaut hab,
scheinbar alles, was ich kenn.

Und so beweg ich mich im Herbst auf Glatteis,
verhalt mich kindisch,
weil ich's nicht besser weiß,
und kämpfe zwischen Sehnen und Empfinden
mit der Stimme, die immer noch sagt,
dass es nicht reicht.

Doch ich kann nicht aufhören, an dich zu denken,
deine Nase müsste kribbeln die ganze Zeit,
die bunten Blätter unter meinen Füßen
rascheln deinen Namen,
obwohl ich so wenig mehr über dich weiß,
als wie du heißt.

Ich lerne wieder lesen aus kleinen Gesten,
ohne Kontrolle,
ob ich deine Sprache überhaupt versteh.
Jedes Funkeln in deinen Augen nährt die Flamme
und lässt mein närrisches Herz hoffen,
jedes Mal, wenn ich dich seh.

Wahrscheinlich bedeutet das alles gar nichts,
da ist nur eine Sache, die ich sicher weiß:
Ich bin sehnsüchtig danach, dass du da bist,
und sobald du aus der Tür gehst,
vermisse ich dich bereits.

Und ich mag so gern deine Arme ansehen,
und ich mag, wie du gehst,
diesen Weltenbummlergang.
Und ich mag, wenn du eine Augenbraue hochziehst,
um mich fragend anzuschauen,
und dein Lächeln,
eine Mischung aus Spott und Amüsement.
Und ich mag es, wenn du ernst bist
und deine Stimme tiefer klingt,
und deine Geschichten,
die mich zum Lachen bringen.
Und ich mag an deinem Geburtstag ein Alibi haben,
um dich in den Arm zu nehmen.
Und ich mag so gern mit dir reden,
nur nicht zu lang, weil ich mir deine ganzen schönen
Worte sowieso nicht merken kann.
Und ich mag so gern deine Stimme
in einem Raum hören, bevor ich ihn betrete.
Und ich mag mir so gern vorstellen,
wie sich deine Haare unter meinen Fingern anfühlen.
Und ich mag so gern deine Arme ansehen.
Und ich sehe so gern dein Gesicht,
und dir in die Augen.
Und dann schaue ich schnell weg,
weil ich es nicht ertragen kann.
Und ich bin so hoffnungslos verloren,
dass es beinah lächerlich ist,
dass du es vermutlich nicht mal weißt.

New music determining my heartbeat
fresh and unused words playing around in my head
A recent rhythm trembling through my bones
and a clear mind once again
The sun comes out, wins over the clouds,
and I'm packing up the clear blue sky
and the air full of sunshine into my backpack
givin' it a ride out of town into the direction of yours
letting the high rises and spires behind
crossing the bridge one, two, three, and four
saying goodbye to the river floating underneath
just for a little while
only thing I'll miss for the day
are the strings beneath my fingers
and the long notes in my ears
I can handle that I guess
'cause it's such a perfect day for a ride like this
I'm much better now that I feel
I can leave the tension behind
and locked up the sorrow in a box I left at home
and fit in my skin again
and I'm just looking forward to seeing you
All I want is a little vacation from my everyday life
like it always is when I'm with you
So the soundtrack of today is lighter
than it used to be the past few weeks
leaving out the melancholy
which is my second skin these days
And as the train flies by green fields
and lovely woods I assume it will arrive
at its destination in half an hour
but who knows where this journey ends
All I know is every song brings me closer to my purpose.

I wish I could stay
in this colour- and peaceful soap bubble of ours
just a little bit longer
But the sun has gone down
and our lives are calling for us
So I pack my one, two, three things
scattered on your floor and leave
I enter the train, can't stand the light,
so I curl up in a seat without, and
look out into the darkness behind the glass wall
where the dark sky rises over the even darker trees
and count the street lights going by
from time to time
I take the peace with me
keep it just a little longer
stored in a box in my mind
so I can wrap it around me like a cape
when I need it
Don't think about tomorrow
for it's still far enough away
The darkness makes me tired and cold
after the afternoon full of sun and warmth
I listen to violin music again
that fits the dizzy yearning I feel
while we cross the bridge four, three, two, and one
Sooner as I can tell
I'm back in the city
and the lights accumulate
to the train station that swallows me
Vacation's over
It's good to know
that you're reachable this easily now
Thank you for being my favorite human isle.

Veränderung

Ich bin längst um die Ecke gebogen,
und du schaust noch immer die Straße entlang.
Stehst da, bis es dunkel wird oder länger,
bis die Tiefen tief
und das Schwarz schwarz ist.
Rasend schnell
verwischt das Jetzt,
wird eben,
wird vorhin,
wird gestern,
wird damals.

So hell wie ein Lichtschweif
in der Dunkelheit,
so flüchtig wie ein Wimpernschlag
bei Dämmerung,
so zerbrechlich wie der erste Sonnenstrahl
am Morgen,
so waren wir
damals.

Heute ist morgen
ein Lichtschweif
in der Dunkelheit
und morgen
das Licht,
das wir nicht sehen.

Hättest du
dich umgesehen, als ich dir nachblickte
Hättest du
einen Moment länger auf meine Antwort gewartet
Hättest du
meinem Schweigen gelauscht
Hättest du
verstanden?

Hätte ich
dich nicht gehen lassen
Hätte ich
meinen Kopf gehoben und dir in die Augen gesehen
Hätte ich
gewusst, was ich will
Hätte ich
„Nein" gesagt,
als du fragtest „Soll ich gehen?"

*D*ies ist wohl das,
was man einen Erklärungsversuch nennt.
Es gibt da diesen Brief.
Vor fünfzehn Jahren hast du ihn mir geschrieben.
Lange her.
Ich hatte keine Ahnung, dass er von dir war.
Ich war eine Außenseiterin.
Ich hatte nie zu hoffen gewagt,
dass jemand mit diesem Brief
eine ehrliche Hoffnung verfolgen könnte.
Ich hatte nicht für möglich gehalten,
jemand würde tatsächlich eine CD kaufen
und dabei Ausschau nach mir halten.
So etwas passierte nicht in meiner Welt.
Aber in deiner schon.
Wie musst du dich gefühlt haben,
dich so verletzlich zu machen?
Ich habe das noch nie getan, so mutig bin ich nicht.
Ich denke jetzt, deinen Humor hätte ich
wiedererkennen müssen.
Aber ich kannte ihn damals noch nicht.
Ich möchte, dass du weißt, ich habe
dieses Blatt Papier nie verheizt.
Ich bewahre es auf,
eine Erinnerung daran,
dass ich damals gern mutiger gewesen wäre.
Und dann gibt es da noch dieses Gedicht.
Ein Gedicht zum Geburtstag.
Das hast du mir drei Jahre später geschenkt.
Auf den zusammengefalteten Zettel hast du
eine Briefmarke geklebt.
So eine aus dem Automaten.
So eine wie auf dem Brief.

Ich erinnere mich, wie du im Unterricht neben mir
gesessen und das Gedicht geschrieben hast,
während ich so tat, als merkte ich nichts.
Du hast dich demaskiert.
Und ich, ich habe gar nicht reagiert.
Weil ich nicht wusste, wie.
Ich kann mir nicht vorstellen, wie das für dich war.
Es tut mir leid.
Ich möchte glauben, dass du – trotz dass der Brief
ohne Antwort blieb – drei Jahre darauf
hingearbeitet hast, mir nahe zu sein.
Und ich frage mich, wie ich so blind sein konnte,
es nicht zu sehen.
Was-wäre-Wenns führen nirgendwohin.
Aber ab und zu und immer wieder denke ich an dich
und kann die Fragen nicht zum Schweigen bringen.
Weißt du noch, welche CD du gekauft hast?
Oder ist es zu lange her?
Warst du nervös, als du
die Briefmarke aufgeklebt hast?
Was hast du gedacht, damals,
und was denkst du heute so?
Wie ist dein Leben jetzt?
Schreibst du noch?
Und denkst du noch an mich?

I can't stand you being miserable
'cause it makes my chest ache.
It gives me the creeps
to see your eyes darken with sorrow
no matter the cause.
I can't bear you running away
'cause my heart's crying with you when you do.
And then
I want to stop and hold you in my arms
and tell you everything's gonna be alright.
But I can't because I shouldn't.
So I just look at where you disappeared
clenching my fists to not tear apart.

But sometimes
when you look at me
your eyes are
like the surface of a lake.
I can see right through
to the ground of your soul.
And sometimes
you seem like an open book to me
but I'm afraid of what I would read
if I look too closely
and within a wink of an eye
you're all closed up and blank pages
that give nothing away
ink sinking in without leaving a trace.

And then
I want to get your wards down,
I want to write into your skin
words you won't believe
if I say them out loud.
I want to reach you and hold you close
until everything is alright.

But instead I get up and leave the room
without risking a single glance
clenching my fists to not give in.

Du bist noch da,
doch ich vermisse dich schon jetzt,
wenn ich nur daran denke,
wie es sein wird,
wenn du weg bist.
Klammere mich
an jede Minute,
obwohl ich weiß,
dass sie doch nur das Ende näherbringt.
Ich sehe traurig aus dem Fenster,
anstatt dich anzusehen.
Was für eine Verschwendung,
aber dein Lächeln verursacht
ein Ziehen in meiner Brust,
das ich nicht ertragen kann.
Deine Hand auf meiner Schulter
brennt und schreit mich an:
Dreh dich um!
Ich lasse mich fallen
in deine Arme,
und ein Meer
schlägt über mir
zusammen.

Ich werde dich nicht bitten,
nicht zu gehen,
denn dann wäre ich schuld
an deinem Glück oder Unglück.
Das kann ich nicht tragen.
Ich werde nichts sagen, das dich bedrückt,
denn dann müsste ich weinen.
Die Tränen hebe ich mir auf
für den letzten Tag.
Das ist doch nicht so schlimm, sagen sie,
und es stimmt.
Trotzdem fühle ich mich,
als würde ich in einem See versinken,
als würde ich ertrinken ohne dich.
Ich weiß, es ist richtig für dich,
also lächle ich dich an
und freue mich für dich
und schelte mich innerlich
der albernen Gefühlsduselei.
Aber ich mag dich jeden Tag sehen
und deine schnellen Schritte auf dem Teppich hören,
und ich mag, wie du mich mit Fürsorge bedenkst
und wie ich dich alles fragen kann.
Es reicht wieder nicht aus.
Es wird nicht dasselbe sein ohne dich.
Bitte bleib.

I fall for you
because it is easy, it is safe.
I can look at you down the corridor
and now and then
I happen to meet you in the kitchen
while you're having your eleven o'clock cereal break.
And I can listen to your voice
when you're talking on the telephone
rather than when you're talking to me
because then I'm always too busy
figuring out what to reply.
And I know it's ludicrous
but every time you ask me for paper clips
your smile makes my day
and when you hug me awkwardly on my birthday
I walk lightheartedly out of the door.

All that keeps me hangin' on,
keeps me going,
gives me a reason
to get back to work on monday morning
because I missed your sight all weekend.
And I don't have to make a single move
to see you again
and I don't have to give anything away
that would make me vulnerable.
There's nothing to be scared about
because everything's gonna be the same
day by day
and nothing will ever happen
except in the locked-up world in my head,
so I'm safe here
like Rapunzel in her tower.

But when I come to sit beside you
our hands working within each other's reach
I notice it is not that easy at all
because my body responds to you
and I struggle at the simplest words
so I stumble through my sentences
that don't make any sense.

And when I hear your voice crack
telling again about your last unfair fight
I worry just a little too much
and I can't think of the right words to say
or a comforting thing to do.
All I want to do is soothing you
by putting my arms around you if that worked.
And when you're cold once more
I wish it could be me to keep you warm.

And now I sit here
with a heavy heart, heavy as a bulwark stone
and the harshness in your voice could cut me
into pieces if I let it.
And there is nothing safe about it
and it is anything but easy.
It is hard.
And I fall for you.
And cannot sense the ground.

Wie weit ich ohne dich gehe
so weit,
wie ich schon mit dir ging,
und länger noch wird der Weg sein,
fürchte ich.
Ich weiß es nicht
und ich kann es mir nicht vorstellen,
in zehn, zwanzig Jahren noch ganz zu sein
und zurückzuschauen
auf einen Schatten der Erinnerung von dir.
Ich kann nicht erdenken,
wie die Bilder verblassen
und unwichtig werden
und die letzte Berührung
von meinen Fingern
gewischt wird
und kein Hauch mehr
sie zurückzubringen scheint.
Wie das Licht, das von dir ausging,
zu Schatten auf meiner Seele wird
und dieser Schatten irgendwann
wieder zu Licht.
Wie weit.

Was du mit mir machst

Deine Wege führen mich zu mir,
immer wieder hin und zurück zu mir.
Dein Wind singt das Lied meiner Seele,
und dein Atem gibt meinem Herzschlag
den Rhythmus vor.
Dein Licht bricht mich auf
und macht mich mutig und weit.
Deine Farben dämpfen den Lärm in mir,
bis er verstummt in Ehrfurcht vor dir.
Dein Meer trinkt meine Zweifel
und spült neue Gedanken an meinen Strand.

Mein Herz tut weh, wenn ich fortgeh von dir.
Und ich trage das Echo des Schmerzes mit mir
jeden Tag, jeden Monat, jedes Jahr ohne dich.

Epilog – Denkanstöße

Ich meine,
ich könnte hören, wie die anderen denken,
das Murmeln ist nur zu leise,
um die Gedanken zu verstehen.
Ich murmle nicht,
ich schweige
und fürchte, es ist zu schwer, einfach zu gehen.

Ich finde,
Schreiben sollte leichter fallen
mir in den Schoß und in die Hände,
doch jedes Wort fällt einzeln um,
ungesagt und
ungeschrieben,
ein Friedhof aus Gedanken stumm.

Ich glaube,
dass ich zu viel zweifle,
mit mir kämpfe ohne Sinn,
und jetzt kämpf ich mit den Zeilen,
obwohl sie meine Freunde waren,
anstatt zu sagen: Lass es fließen,
lass dich treiben.

Ich weiß,
ich finde den Weg zurück,
zu den Worten, zu den Zeilen,
die mir gehören und zu mir,
und bis dahin
kämpfe ich weiter
und schreibe Texte wie diesen hier.

Inhalt

Sommer

Herbst

~
Wenn du mir auf einen dieser Briefe
antworten möchtest,
kannst du mir gern schreiben an:

BriefeanDu[at]gmail.com
~